SPOT

LA NATURALEZA

EN LA PRADERA

por Alissa Thielges

amicus
LEARNING

césped alto

flores silvestres

Busca estas palabras e imágenes mientras lees.

bisonte

antílope americano

¡Mira! Es un perrito de la pradera.

Sale por un hoyo.

Vive bajo la tierra.

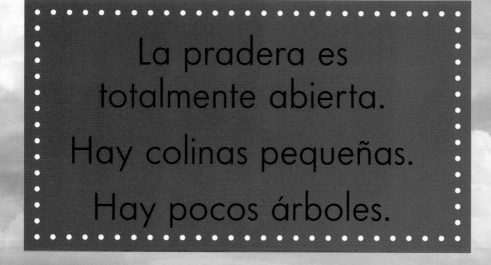

La pradera es totalmente abierta.

Hay colinas pequeñas.

Hay pocos árboles.

césped alto

¿Ves el césped alto?
Crece por todas partes.
¡Crece más alto que tú!

flores silvestres

¿Ves las flores silvestres?

Son moradas.

Abren en primavera.

bisonte

¿Ves el bisonte?

Es grande y peludo.

Come el césped.

antílope americano

¿Ves el antílope americano?

Corre muy rápido.

Vive en una manada.

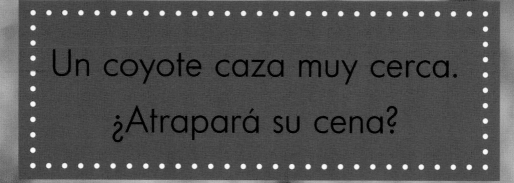

Un coyote caza muy cerca.

¿Atrapará su cena?

césped alto

flores silvestres

¿Lo encontraste?

bisonte

antílope americano

SPOT

Publicado por Amicus Learning, un sello de Amicus
P.O. Box 227, Mankato, MN 56002
www.amicuspublishing.us

Cataloging-in-Publication data is available from the Library of Congress
Library Binding ISBN: 9781645497516
Paperback ISBN: 9781681529943
eBook ISBN: 9781645497578

Impreso en China

Rebecca Glaser, editora
Deb Miner, diseñador de la serie
Lori Bye, diseñador de tapa del libro
Mary Herrmann, diseñador de libro
Omay Ayres, investigación fotográfica

Créditos de Imágenes: Dreamstime/ Gerald D. Tang, 14–15; Getty/Eddie Brady, cover, 16; iStock/dmbaker, 10–11, guy-ozenne, 3, JMrocek, 1, milehightraveler, 12–13; Shutterstock/ Flower Studio, 8–9, Jennifer Bosvert, 4–5, Michael Dante Salazar, 6–7

EN LA PRADERA